SCHIFFE

WAS KINDER ZWISCHEN 5 UND 8 JAHREN ERFAHREN WOLLEN

Idee und Zusammenstellung
Émilie BEAUMONT

Text
Agnès VANDEWIELE

Aus dem Französischen
Sigrun KULF

Bilder
John DOWNES

FLEURUS VERLAG, Mainzer Str.116 - 66121 SAARBRÜCKEN

DIE ERSTEN SCHIFFE

Bereits die ersten Menschen verwendeten kleine Boote oder Flöße zum Fischen und Jagen und zum Überqueren von Flüssen. Sie bauten Einbäume, Flöße, Schilfboote und Papyrusboote oder benutzten Planken, die von mit Luft gefüllten Häuten getragen wurden. Zum Antreiben und Steuern der Boote dienten Paddel oder Ruder. Ab 2000 v. Chr. bauten die Kreter und Phönizier Handelsschiffe mit Segel. Die Erfindung des Segels führte zu einer neuen Taktik bei Schlachten zu Wasser: Man konnte nun den Gegner am Manövrieren hindern, indem man ihm den Wind aus den Segeln nahm.

Die römische Galeere

Im 7. Jahrhundert v. Chr. wurde die schmale, lange Galeere entwickelt. Den Phöniziern, Griechen und Römern diente sie vor allem als Kriegsschiff. Sie wurde mit Rudern angetrieben und hatte außerdem ein Segel. Am Heck des Schiffes befand sich ein Steuerruder. Der Bug war auf der Höhe des Wassers mit einem Balken verlängert, dem Rammsporn. Die Ruderer saßen in zwei, drei oder sogar fünf Etagen übereinander. Fünfstöckige Galeeren waren bis zu 50 m lang. Eine der größten Galeeren, gebaut im 3. Jahrhundert v. Chr., wurde von 4000 Ruderern angetrieben. Die Ruderer waren Sklaven oder Verurteilte.

Bei Seeschlachten stießen die Galeeren ihren Rammsporn in den Rumpf der gegnerischen Schiffe. Die Soldaten schossen Pfeile und schleuderten Speere. Galeeren konnten bis zu 16 km/h schnell fahren.

Wikingerschiffe

Die Wikinger, kriegerische Seefahrer aus Skandinavien, befuhren vom 6. bis 11. Jahrhundert die Meere. Sie hatten Segelschiffe von etwa 20 m Länge. Der Rumpf dieser Schiffe war aus Planken, die sich überschnitten wie die Ziegel eines Daches. Der Mast trug ein großes rechteckiges Segel. Die Wikinger ruderten auf ihrem Gepäck sitzend. Am Heck des Schiffes diente ein großes Ruder als Steuer. Raubzüge führten die Wikinger zu den Britischen Inseln, nach Island, Grönland, Rußland und Europa. Sie überquerten sogar den Atlantik und erreichten Nordamerika.

Papyrusboote

Da Holz im alten Ägypten rar war, bauten die Ägypter ihre Boote aus Papyrus, der im Nilsumpf wuchs. Weil Papyrushalme nicht sehr stabil sind, waren diese Boote nicht größer als kleine Ruderboote.

Das peruanische Floß

Auf dem Titicacasee, in 3800 m Höhe, verwenden die Indianer noch heute Schilfflöße. Sie bestehen aus zusammengebundenen Schilfbündeln: Eines der Bündel bildet den Boden des Bootes, andere die Seitenwände.

Manchmal benutzen die peruanischen Fischer anstelle des Paddels (wie hier) eine Stange, um sich im schlammigen Boden vorwärtszustoßen.

Die Sonnenbarke des Cheops

Um 2600 v. Chr. wurde sie für die Beerdigung des Pharaos Cheops gebaut. Archäologen entdeckten sie nahe der Cheopspyramide in Gise im Sand vergraben.

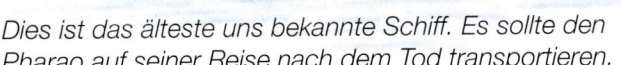

Dies ist das älteste uns bekannte Schiff. Es sollte den Pharao auf seiner Reise nach dem Tod transportieren.

SEGELSCHIFFE

Im 14. Jahrhundert wurden große Segler mit hoher Bordwand und zwei oder drei Masten entwickelt: die Karavellen. Christoph Kolumbus unternahm seine Entdeckungsfahrt nach Amerika im Jahre 1492 mit drei solcher Schiffe. Mit Beginn des 16. Jahrhunderts baute man Galeonen; ihr schlankerer Rumpf erlaubte höhere Geschwindigkeiten. Die Galeonen transportierten viele der den Indianern geraubten Reichtümer nach Europa. Um der Nachfrage nach schnelleren Schiffen zu entsprechen, entwickelte man im 18. und 19. Jahrhundert die Schoner, später die Klipper: Sie waren sehr leicht und durch ihre großen Segelflächen sehr schnell.

Seeschlachten

Schon im Altertum waren viele Schiffe mit Waffen ausgerüstet, um Piraten und feindliche Schiffe abwehren zu können. Bei einem Angriff verteidigte sich die Mannschaft zunächst mit Pfeilen und versuchte, das feindliche Schiff in Brand zu setzen, dann wurde das Schiff geentert: Die Matrosen kämpften mit Knüppeln und Schwertern auf Deck der Schiffe. Mit der Erfindung der Kanone im 15. Jahrhundert änderte sich die Taktik: Die feindlichen Schiffe fuhren nun Seite an Seite und beschossen sich mit Kanonen. Doch nach wie vor endete die Schlacht häufig mit einem Kampf auf Deck.

Die Schlacht von Trafalgar war die letzte große Segelschiffschlacht. Der britischen Flotte unter Admiral Nelson standen die Schiffe der verbündeten Spanier und Franzosen gegenüber. Die Schlacht fand am 21. Oktober 1805 vor der spanischen Küste nahe dem Kap von Trafalgar statt. Von den 33 spanischen und französischen Schiffen ergaben sich die meisten; einigen gelang die Flucht; ein Schiff sank. Die englischen Schiffe blieben fast unversehrt.

Schoner

Schoner sind schnelle, wendige Schiffe. Die ersten hatten zwei Masten. Um gegen die aufkommenden Dampfschiffe konkurrieren zu können, wurden sie mit weiteren Masten versehen. Nach 1880 baute man Schoner mit vier oder sogar sechs Masten. Sie transportierten Kohle, Baumwolle und Getreide. Die «America», der bekannteste Schoner, gewann 1851 eine Regatta um die englische Insel Wight und gab damit der Regatta den Namen: America's Cup.

Klipper

Die Klipper erreichten durch ihren stromlinienförmigen Bau hohe Geschwindigkeiten. Ihrer Schnelligkeit wegen wurden sie vor allem als Handelsschiffe eingesetzt. Um 1850 brachten die Klipper Gold und Wolle von Australien nach Europa. Nachdem China sich dem Welthandel geöffnet hatte, fuhren sie um die Wette, um den ersten Tee des Jahres von China nach Europa zu bringen.

Noch heute fahren Dschunken in China und Vietnam.

Die chinesischen Dschunken

Dschunken dienen als Handelsschiffe und Fischerboote; früher wurden sie auch als Kriegsschiffe eingesetzt. Die zwei oder drei Masten tragen je ein bis zwei Segel aus Binsen- oder Strohgeflecht. Dschunken sind widerstandsfähig und auch für lange Strecken geeignet, da sie sicher auf dem Wasser liegen und leicht steuerbar sind.

DAMPFSCHIFFE

Das erste von einer Dampfmaschine angetriebene Schiff baute ein französischer Graf schon 1783. Seine Erfindung fand jedoch kaum Beachtung. Ernst genommen wurden die Dampfschiffe erst, als der Amerikaner Fulton 1807 die «Clermont» baute. Angetrieben von Schaufelrädern legte sie auf dem Hudson River 240 km in 32 Stunden zurück. 1838 fuhren die beiden Passagierdampfer «Great Western» und «Sirius» um die Wette. Nur von Dampfmaschinen angetrieben, überquerten beide den Atlantik. Die «Sirius» kam kurz vor der «Great Western» an. Dampfschiffe ersetzten nun nach und nach die Segler.

Trotz ihrer hohen Ladekapazität war die «Great Eastern» kein Erfolg. Ihre Besitzer gingen bankrott.

Die Mississippidampfer

Die großen Schiffe auf dem Mississippi waren Raddampfer: Sie wurden von riesigen Schaufelrädern angetrieben. Manche dieser Dampfer hatten ein Schaufelrad auf jeder Seite, andere nur ein sehr großes Rad, das am Heck angebracht war. Die Raddampfer waren zwar langsamer als Dampfer mit Schraube, jedoch billiger zu betreiben. Raddampfer waren in der Regel Passagier- und Frachtschiffe in einem. Sie transportierten zum Beispiel Baumwolle.

Die Mississippidampfer liefen auf der Strecke zwischen Memphis und New Orleans etwa 50 Häfen an.

Die «Great Eastern»

Dieses Schiff wurde 1858 auf der Themse zu Wasser gelassen. Es war ganz aus Eisen und wurde gleichzeitig von Schaufelrädern, einer Schiffsschraube und Segeln angetrieben. Die «Great Eastern» wog 28 500 t und war 211 m lang. Sie sollte 4000 Passagiere oder 10 000 Soldaten und eine Ladung von bis zu 6000 t mit etwa 28 km/h transportieren können. 40 Jahre lang blieb die «Great Eastern» das größte Schiff. Da ihre Motoren jedoch nicht leistungsfähig genug waren, erzielte sie nur sehr mittelmäßige Ergebnisse. Ihr einziger Erfolg war die Verlegung des ersten Telefonkabels durch den Atlantik.

Die «Charlotte Dundas»

1802 entwickelte ein Engländer einen Motor für den Schlepper «Charlotte Dundas». Ein einziger Zylinder trieb ein abgedecktes Schaufelrad an. Der Schotte Lord Dundas wollte mit diesem Schiffstyp die Pferde ersetzen, die die Kähne durch die Kanäle zogen.

Kriegsschiffe

1860 wurde das erste moderne Kriegsschiff gebaut: die «Gloire». Ihr hölzerner Rumpf war mit Stahlplatten gepanzert. Die Kriegsschiffe wurden gegen die stärker werdenden Kanonen immer dicker gepanzert. Die «Dreadnought» (englisch: «Fürchtenichts»), ein um 1900 gebautes englisches Schiff, wurde zum Vorbild für alle späteren Kriegsschiffe. 1909 wurden vier «Superdreadnoughts» gebaut, die noch besser gepanzert und bewaffnet waren.

Während des Ersten Weltkrieges kämpften diese riesigen Kriegsschiffe auf englischer Seite.

Die «Orion», eine der vier «Superdreadnoughts», die 1909 gebaut wurden.

11

PASSAGIERSCHIFFE

Ab 1852 fuhren englische Passagierdampfer wöchentlich über den Atlantik. Von 1890 an ersetzten Turbinenschiffe die Dampfer. Bald wurden sehr große Passagierschiffe, wie zum Beispiel die «Mauretania» (1907), gebaut. Sie erhielt über 20 Jahre lang das «Blaue Band», eine Auszeichnung für das Schiff, das den Atlantik in der kürzesten Zeit überquert. 1931 erwarb das Luxusschiff «Normandie» das Blaue Band schon auf seiner ersten Überfahrt. Nach 1948 verkehrten die Passagierfähren fast nur noch als Kreuzfahrtschiffe; sie waren der Konkurrenz der Flugzeuge nicht mehr gewachsen.

Dieses englische Riesenschiff ist 335 m lang und so hoch wie ein zwölfstöckiges Gebäude.

Die «France» wurde 1960 gebaut: Sie ist 215 m lang und bietet Platz für 2250 Passagiere.

Dieses außergewöhnliche Schiff ist 360 m lang. Es wurde 1986 gebaut. Mit ihm können 5000 Menschen auf Kreuzfahrt gehen.

Die «Star Princess»

Dieses Passagierschiff gleicht einer schwimmenden Stadt. Es fährt in die Karibik und nach Alaska.

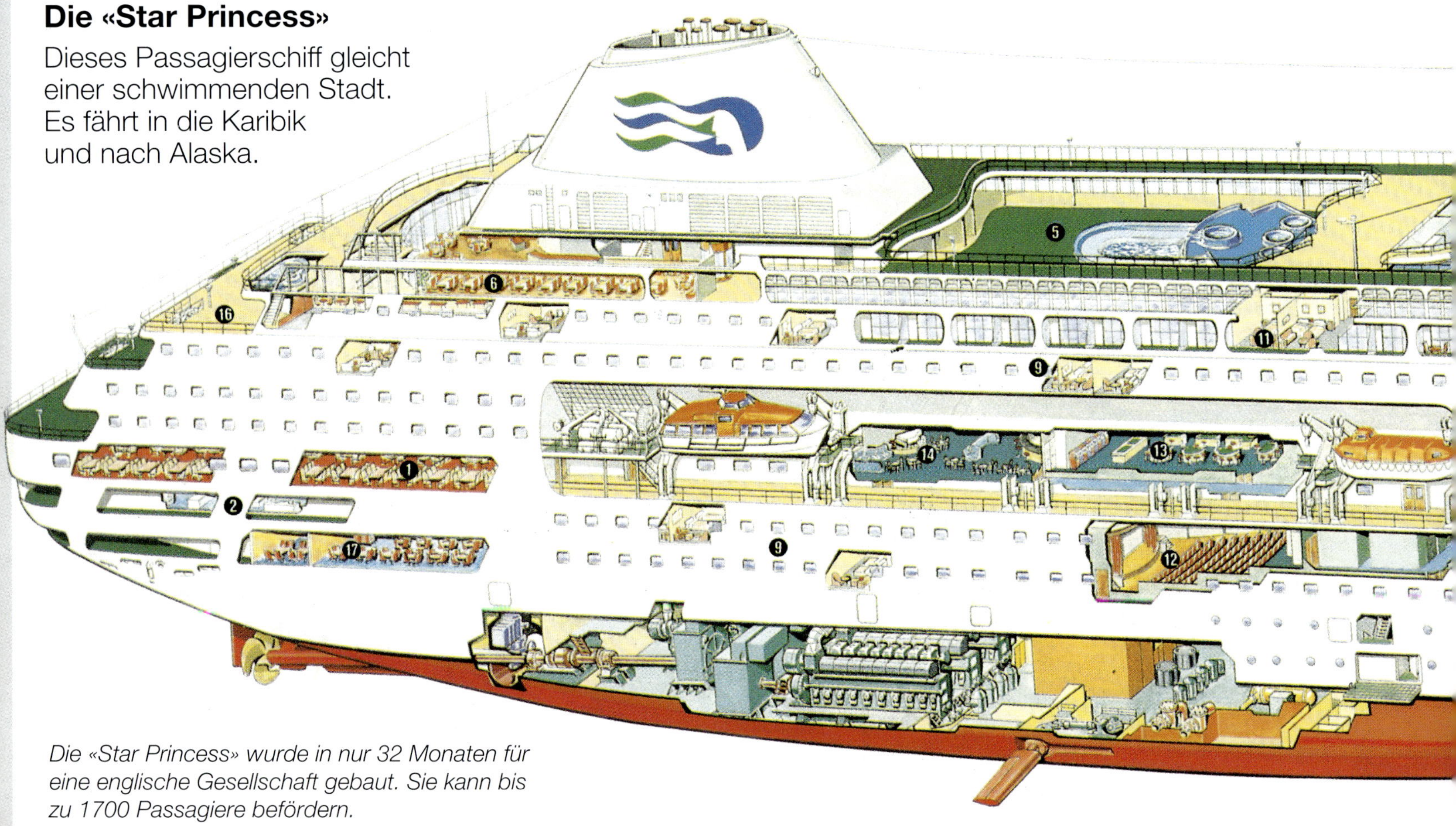

Die «Star Princess» wurde in nur 32 Monaten für eine englische Gesellschaft gebaut. Sie kann bis zu 1700 Passagiere befördern.

Die «Queen Mary»

1936 war die Überfahrt nach Amerika mit der «Queen Mary» die schnellste und luxuriöseste. Im Zweiten Weltkrieg wurde sie zum Truppentransport eingesetzt. 1945 wieder zum Luxusschiff umgebaut, liegt sie heute als Museum im Hafen.

Die «France»

Diese Transatlantikfähre ist ein komfortables schwimmendes Hotel. In 13 Jahren überquerte sie 377 mal den Atlantik und unternahm 93 Kreuzfahrten. Heute verkehrt sie als Kreuzfahrtschiff zwischen den Antillen.

Die «Phönix»

Alle Kabinen der Phönix liegen in den vier Türmen auf Deck. So haben alle Passagiere einen Blick auf das Meer.

Die «Titanic»

1911 ließ die «White-Star»-Linie ein riesiges Passagierschiff von 268 m Länge bauen: die «Titanic». Sie galt als unsinkbar. Am 10. April 1912 verließ sie auf ihrer ersten Fahrt, der sogenannten Jungfernfahrt, Southampton mit Ziel New York. An Bord wurde gespielt und gefeiert, als das Schiff in der Nacht vom 14. zum 15. April gegen 23.45 Uhr auf einen Eisberg stieß. Wie ein riesiger Dosenöffner schnitt der Eisberg den Rumpf auf einer Länge von über 80 m auf. Keine drei Stunden später sank die Titanic mit 1503 Passagieren an Bord, die keinen Platz in den Rettungsbooten hatten finden können.

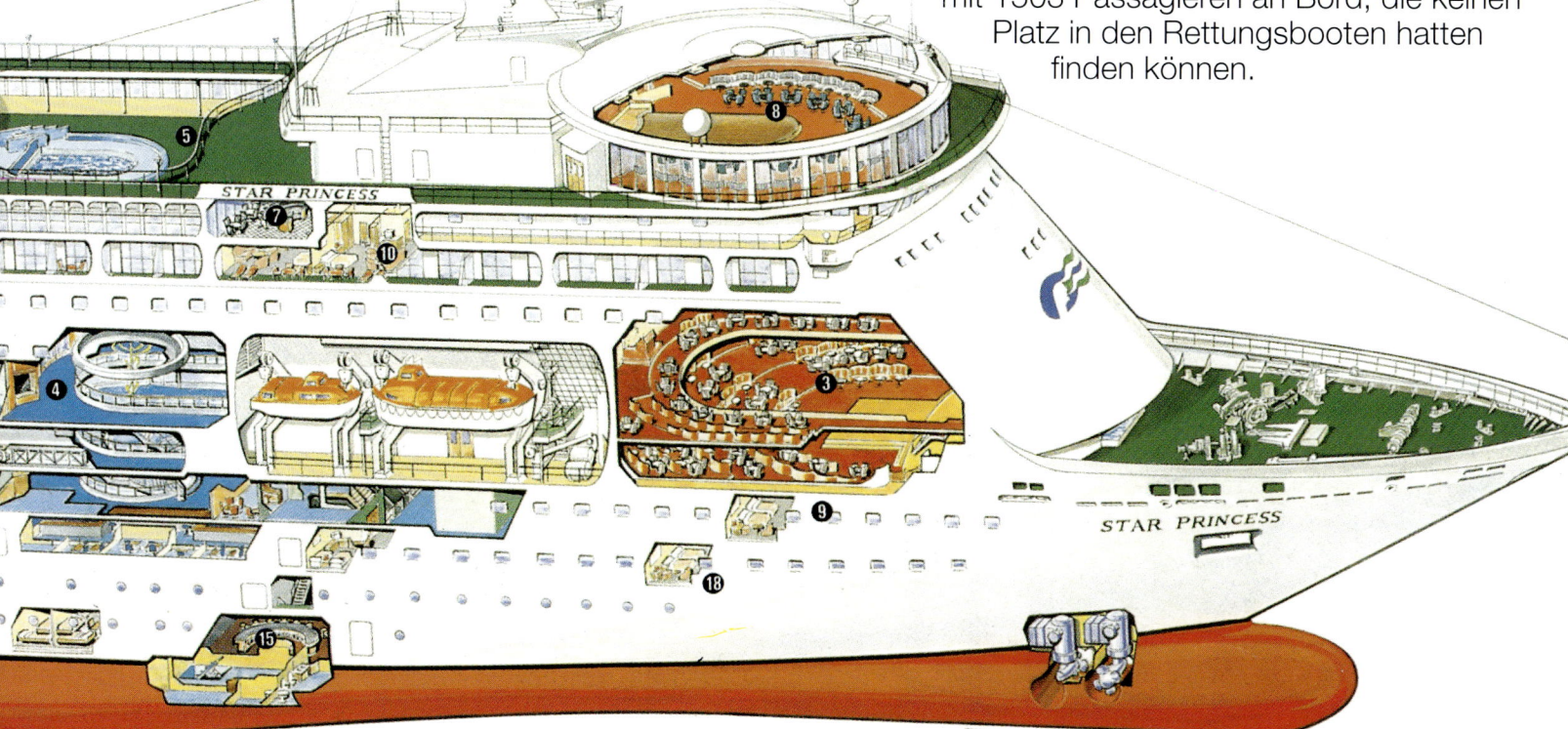

TERRY BISHOP

1. Restaurant 2. Küche 3. Theatersaal 4. Verwaltungs- und Einkaufszentrum 5.+16. Schwimmbäder 6. Cafeteria 7.+14. Bars 8. Salon 9.+10.+11. Kabinen 12. Kino 13. Casino 15. Diskothek 17. Mannschaftsraum 18. Mannschaftskabinen

Abbildung: Chantiers de l'Atlantique

SPORTBOOTE

Seit die Segelschiffe weitgehend durch Motorschiffe ersetzt wurden, werden Segler fast nur noch als Renn- oder Freizeitboote genutzt. In den 60er Jahren entwickelten sich die großen Regatten zu wichtigen sportlichen Ereignissen. Um noch höhere Geschwindigkeiten zu erreichen, kombiniert man die See-Erfahrung mit der Luftfahrttechnik (feste Segel, ähnlich den Flugzeugtragflächen; leichte, widerstandsfähige Materialien). So wurden die Tragflächenboote entwickelt. Eines von ihnen, die «Yellow Page Endeavour», hält den Geschwindigkeitsrekord für Segelboote: 86 km/h!

Der Katamaran

Durch seine zwei Rümpfe liegt der Katamaran ruhiger auf dem Wasser als ein normales Segelschiff. Katamarane sind ausgezeichnete Rennsegler. Bei starkem Wind legen sie sich so auf die Seite, daß sich ein Rumpf aus dem Wasser hebt.

1994 überquerten Bourgon und Lewis den Atlantik von Plymouth in England nach Newport in den USA auf einem Trimaran: Die Fahrt dauerte neun Tage und acht Stunden.

Der Trimaran

Der Trimaran hat drei Rümpfe. Deshalb ist er sehr stabil und schnell. Bei starkem Wind hebt sich der dem Wind zugewandte Rumpf aus dem Wasser; das Boot fährt schneller. Die Trimarane nehmen an der «Route du rhum» teil, einer Regatta von Saint-Malo in Frankreich nach Guadeloupe.

Peter Blake ums in nur 74 Tagen. Damit hält er der

Segelschiffe mit einem Rumpf

Am America's Cup, einem der berühmtesten Rennen, nehmen nur Schiffe mit einem Rumpf teil. Alle vier Jahre werden zunächst Ausscheidungskämpfe veranstaltet. Dann fordert der Gewinner den Pokalverteidiger heraus. Im Mai 1995 siegte der Herausforderer Peter Blake mit seiner Mannschaft auf der «Team New Zealand». Damit ging der Pokal nach Neuseeland. Die Schiffe, die beim America's Cup mitfahren, erreichen Geschwindigkeiten von bis zu 28 km/h.

Off-Shore-Boote

Off-Shore-Boote sind sehr schnelle Motorboote mit ein oder zwei Rümpfen. Sie sind aus besonders widerstandsfähigen Materialien hergestellt, die auch bei extremen Geschwindigkeiten die Stabilität der Boote gewährleisten. Da Unfälle mit diesen Booten sehr gefährlich sind, tragen die Piloten einen Helm und sind durch ein geschlossenes Cockpit geschützt. Der momentane Geschwindigkeitsrekord eines Off-Shore-Bootes liegt bei 253, 30 km/h.

Tragflächenboote

In der Luft bietet sich einem Boot weniger Widerstand als im Wasser: Es fährt schneller. Auf diesem Prinzip beruhen Katamarane, Trimarane und Tragflächenboote. Unter dem Rumpf sind Tragflügel angebracht, die mit steigender Geschwindigkeit den Bootskörper aus dem Wasser heben. Das Schiff gleitet wie ein Segelflieger über das Wasser.

Tragflächenboote können Geschwindigkeiten von bis zu 60 km/h erreichen.

e die Erde in einem Katamaran
unden und 17 Minuten.
rekord für Katamarane.

DIE BINNENSCHIFFAHRT

Schon immer waren schiffbare Flüsse ideale Reise- und Transportwege. Bereits in Babylonien und im alten Ägypten legte man Kanäle an. Doch blieb die Schiffbarkeit der Flüsse bis ins 16. Jahrhundert eingeschränkt. Erst die Erfindung der Schleuse machte eine bessere Nutzung der Flüsse möglich. Trotz der großen Konkurrenz durch Eisenbahn, Lastwagen und Flugzeug spielt die Binnenschiffahrt auch heute noch eine bedeutende Rolle, denn sie ist relativ billig und umweltschonend. Küstenschiffe können sowohl auf dem Meer als auch auf großen Flüssen verkehren.

Das Treideln verschwand endgültig in den 60er Jahren dieses Jahrhunderts.

Frachtschiffe und Schleppkähne

Heute fahren auf den Flüssen vor allem flache, langgestreckte Frachtschiffe, die 250 bis 1350 t Ladung aufnehmen können. Diese Schiffe sind bis zu 60 m lang. Daneben werden sogenannte Schlepp- oder Schubverbände eingesetzt. Sie sind meist aus zwei Kähnen ohne eigenem Antrieb zusammengesetzt und werden von einem Antriebsschiff gezogen oder geschoben. Die Kähne sind etwa 65 m lang und können bis zu 2500 t laden.

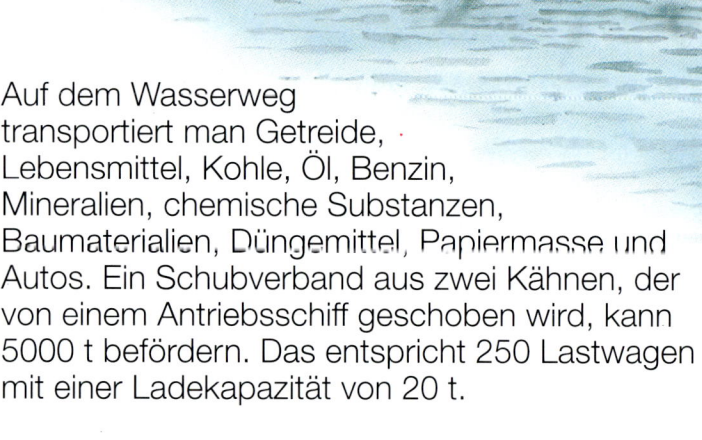

Auf dem Wasserweg transportiert man Getreide, Lebensmittel, Kohle, Öl, Benzin, Mineralien, chemische Substanzen, Baumaterialien, Düngemittel, Papiermasse und Autos. Ein Schubverband aus zwei Kähnen, der von einem Antriebsschiff geschoben wird, kann 5000 t befördern. Das entspricht 250 Lastwagen mit einer Ladekapazität von 20 t.

Das Treideln

Jahrhundertelang wurden die Kähne von Menschen die Flüsse hinaufgezogen. Später übernahmen Pferde diese Arbeit, die man Treideln nennt. Die Arbeit der Pferdeführer war sehr anstrengend, denn sie arbeiteten 16 Stunden pro Tag.

Die Schleusen

Ende des 15. Jahrhunderts entwarf Leonardo da Vinci die ersten Schleusen. Schleusen spielen auch heute noch eine wichtige Rolle. Indem eine Kammer mit Wasser gefüllt oder geleert wird, je nachdem, ob man das flußaufwärts oder -abwärts gewandte Schleusentor öffnet, können Schiffe Höhenunterschiede zwischen Flüssen und Kanälen überwinden.

Früher mußte der Schleusenwärter die Schleusentore von Hand öffnen und schließen. Ab 1960 wurden die Schleusen automatisiert.

Das Steuerhaus

Vom Steuerhaus aus hat der Steuermann einen weiten Blick über den Fluß. Von hier aus überwacht er die Kontrollinstrumente, steuert das Schiff und beobachtet die Leuchtsignale. Er verfügt über Funk und Telefon und manchmal auch über Radar.

Mit Hilfe von Funk und Telefon steht der Steuermann mit seiner Gesellschaft, den Schleusen und den Häfen in Verbindung.

FISCHEREISCHIFFE

Die Fischer haben ihre Schiffe und Fangmethoden dem Klima und ihrer Beute angepaßt: Die Eskimos jagen Seehunde und Walrösser in Kajaks, die mit Seehundshaut überzogen sind. Auf den pazifischen Inseln benutzt man sogenannte Auslegerboote. In Europa fischen entlang der Küsten kleine Fischkutter, die ein bis vier Tage auf dem Meer bleiben. Größere Kutter fahren weiter hinaus und bleiben ein bis zwei Wochen auf dem Wasser. Die große Hochseefischerei wird mit Fabrikschiffen betrieben, in denen die Fische teils gelagert und teils sofort zu Konserven oder Tiefkühlprodukten verarbeitet werden.

Fischdampfer

Die industriellen Fischdampfer sind zwischen 50 und 90 m lang, sogenannte Fabrikschiffe sogar 120 m! Sie ziehen ein kegelförmiges Netz hinter sich her, das Schleppnetz. Beim Fischen befindet es sich vollständig unter Wasser. Ein einziger Fang wiegt bis zu 100 t! Die Fische werden auf Deck geschüttet und dann in den Laderäumen eingefroren und aufbewahrt.

Fabrik- oder Kühlschiffe bleiben bis zu drei Monate auf dem Meer. Sie haben etwa 20 Mann Besatzung.

Das brasilianische Floß mit Segel

Noch heute gehen manche brasilianischen Fischer mit einem Floß mit Segel auf Fischfang. Das Floß hat ein Steuerruder, das verhindert, daß das Floß abtreibt. Die Fischer fahren bis zu 50 km auf das Meer hinaus; nachts binden sie sich am Floß fest, um nicht ins Meer zu fallen.

Der Walfänger

Seit 1982 ist der Walfang verboten, doch einige Länder, wie Japan und Norwegen, halten sich nicht an dieses Verbot. Früher verwendete man für den Walfang Schiffe mit Beiboot. Vom Bug des Beibootes aus schoß ein Ruderer die Harpune, an der ein Seil befestigt war. Sie bohrte sich ins Fleisch des Wales. Mit weiteren Harpunenstößen wurde er getötet. Anschließend schleppte man den Wal zum Schiff, wo er zerlegt wurde.

Moderne Ausrüstung

Um Fischschwärme ausfindig zu machen, verfügen Fangschiffe über drei Möglichkeiten: Ein Echolot, das Schallwellen ausstößt, mißt die Meerestiefe und erkennt Fischschwärme. Ein sogenannter Sonar lotet ebenfalls mit Schallwellen die nähere Umgebung des Schiffes aus. Der Radar macht Vogelschwärme ausfindig, die über Fischschwärmen fliegen.

Das Indianerkanu

Die Indianer, die rund um die vielen Seen Nordamerikas lebten, bauten Kanus aus Birken-, Kastanien- oder Ulmenrinde. Die Rindenstücke wurden mit Fichtenwurzeln zusammengenäht. Die Kanus waren so stabil, daß man mit ihnen selbst Stromschnellen befahren konnte. Die Indianer knieten im Kanu und jagten die Fische mit Pfeil und Bogen.

TANKER UND CONTAINERSCHIFFE

Die ersten Tanker wurden um 1870 gebaut. Der Dreimaster «Glückauf», der 1885 gebaut wurde, konnte 3000 t Öl in seinen Tanks aufnehmen. Nach der Schließung des Suezkanals im Jahr 1967 mußten die Tanker auf dem Weg nach Europa um Afrika herumfahren. Deshalb baute man Supertanker: Diese Meeresriesen konnten bis zu 550 000 t Öl transportieren! Als der Kanal 1975 wiedereröffnet wurde, griff man wieder auf die kleineren Tanker zurück, denn der Suezkanal ist nur für Schiffe bis 90 000 t befahrbar. Für den Warentransport benutzt man heute vor allem Containerschiffe.

Containerschiffe

Auf Deck und in den riesigen Laderäumen finden Tausende von Containern Platz. Container sind große Metallkisten von 6 m Länge, 2 m Breite und 2 m Höhe. Sie werden per Eisenbahn oder per Lastwagen zum Hafen gebracht und dort mit dem Kran verladen. Weil die Container alle dieselbe Größe haben, können sie wie Bausteine aufeinandergestapelt werden, ohne daß dabei Platz verschenkt wird. Das Beladen der Schiffe geht fünf- bis sechsmal schneller als bei herkömmlichen Frachtern. Zwei Drittel der Waren im weltweiten Handel werden mit Containerschiffen befördert, die ein besonders sicheres Transportmittel für die Waren darstellen. Mit ihnen können die unterschiedlichsten Waren befördert werden: Autos, Motoren und Maschinen, aber auch Lebensmittel wie Gemüse und Zitrusfrüchte. Tiefgefrorene Waren werden in Tiefkühlcontainern transportiert.

Dieser Tanker verfügt über einen Hubschrauberlandeplatz. Der Hubschrauber bringt Post und frische Nahrungsmittel. Vom einen Ende des Tankers zum anderen sind es 300 m. Am besten nimmt man da das Fahrrad!

Tanker

Dieser Tanker ist
300 000 t schwer und 350 m
lang. Die Mannschaft hält sich vor allem
im hinteren Teil des Schiffes, auf dem «Achterdeck», auf.
Dort befindet sich auch die «Kommandobrücke», ein etwa 45 m
hoher Turm, von dem aus das Schiff gesteuert und überwacht wird.
Außerdem sind hier die Kabinen für die 30 Mitglieder der Besatzung.
Da das Schiff oft monatelang auf dem Wasser bleibt, gibt es auf der
Kommandobrücke auch eine Küche, ein Kino, eine Bibliothek mit Lesesaal, einen
Gymnastikraum und ein Schwimmbad. Im Golf von Persien werden an einem Tag
300 000 t Öl in den Tanker gepumpt. Bei 30 km/h erreicht er einen Monat später
einen der großen europäischen Häfen, die speziell dafür eingerichtet sind,
solche Riesenschiffe aufzunehmen. Das Schiff wird dort schnell leergepumpt,
damit es sofort weiterfahren kann, denn die Hafengebühren sind sehr hoch.

UNTERSEEBOOTE

1896 ließen ein Franzose und ein Amerikaner ein Boot zu Wasser, das sich unter Wasser mit einem Elektromotor fortbewegen konnte. Für die Fahrten auf der Wasseroberfläche hatte es zusätzlich einen Dieselmotor. Beim Abtauchen ließ man große Tanks im Schiffsrumpf mit Wasser vollaufen. Zum Auftauchen wurden sie wieder geleert. Um 1955 wurden die ersten Atom-U-Boote gebaut. Sie können monatelang unter Wasser bleiben. 1960 fuhr ein Atom-U-Boot einmal rund um die Erde, ohne auch nur einmal aufzutauchen. Zunächst wurden die U-Boote für militärische Zwecke gebaut. Heute dienen sie auch zur Erforschung der Meere.

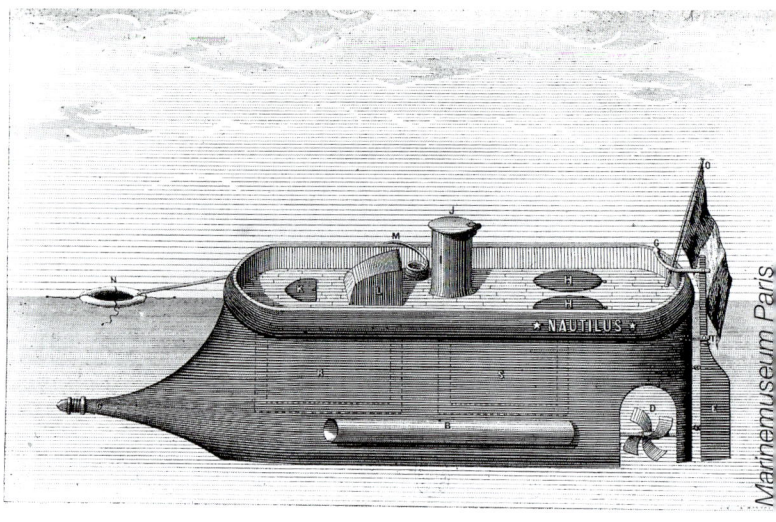

Marinemuseum Paris

Die «Nautilus»

1798 entwarf der Amerikaner Fulton die erste «Nautilus». Sie sollte Napoleons Flotte unterstützen. Die dreiköpfige Mannschaft, die bis zu drei Stunden unter Wasser bleiben konnte, sollte unter feindlichen Schiffen Sprengstoffladungen anbringen und die Schiffe aus der Entfernung sprengen. Ihre Schiffsschraube wurde von Hand angetrieben.

Atomunterseeboote

Diese U-Boote haben einen Kernenergieantrieb. Mit der Hitze, die der Antrieb erzeugt, wird Dampf produziert, der eine Turbine antreibt. Diese bewegt die Schiffsschraube. Der Kernenergieantrieb ist äußerst leise und braucht keine Luft. So können die Atom-U-Boote monatelang, sogar jahrelang unter Wasser bleiben. Sie können bis zu 170 000 km im Jahr zurücklegen.

Die «Schildkröte»

Die «Schildkröte» wurde 1775 während des Amerikanischen Unabhängigkeitskrieges gebaut. Sie war das erste U-Boot, das zur Abwehr feindlicher Schiffe eingesetzt wurde. Der Bootskörper bestand aus zwei Panzern, die Schildkrötenpanzern ähnelten. Im Inneren hatte ein Mann Platz, der die Schiffsschraube von Hand antrieb. Er sollte unter den feindlichen Schiffen Bomben mit verzögerter Zündung anbringen. Die Luft im U-Boot war ausreichend für 30 Minuten.

Die «Triest I»

Für die Erforschung des Meeresgrundes wurden spezielle U-Boote entwickelt, die Bathyscaphen. 1953 bauten die Brüder Piccard die «Triest I», die noch heute den Rekord im Tieftauchen hält: 10 916 m! In der Beobachtungskugel unter dem Boot finden der Steuermann und zwei Wissenschaftler Platz.

Die «Deepstar 4000»

Sie wurde 1965 nach den Entwürfen des französischen Meeresbiologen Cousteau gebaut. Sie dient der Erforschung des Meeresgrundes bis in Tiefen von etwa 1200 m. Die Gewichte, die das U-Boot beim Abtauchen beschweren, werden zum Auftauchen abgeworfen. In dem U-Boot ist Platz für den Steuermann und zwei Wissenschaftler.

Die Deepstar bewegt sich mit etwa 7,5 km/h vorwärts. Durch zwei Bullaugen kann man den Meeresboden beobachten.

Dieses Atom-U-Boot der amerikanischen Marine erreicht Geschwindigkeiten von bis zu 55 km/h. Es kann mehrere hundert Meter tief tauchen.

FLUGZEUGTRÄGER

Ein Flugzeugträger ist eine Art
beweglicher Flugzeugstützpunkt.
Unter dem Flugdeck befindet sich
die Flugzeughalle. In ihr kann der
Flugzeugträger eine ganze Flotte von
Düsenjägern und Hubschraubern
transportieren. Das Deck des Schiffes
dient sowohl als Lande- als auch als
Startbahn.
Im Ersten Weltkrieg landete und
startete erstmals ein Flugzeug auf
einem fahrenden Schiff, auf der
britischen «Furious».
In den 20er Jahren konstruierten die
Amerikaner und die Engländer die
ersten Flugzeugträger.
Im Zweiten Weltkrieg wurden bereits
200 von ihnen eingesetzt.

*Mit Aufzügen werden
die Flugzeuge auf die
Landebahn oder zu
ihren Stellplätzen
transportiert.*

Der größte Flugzeugträger

Der momentan größte Flugzeugträger ist die «George
Washington» der amerikanischen Marine. Dieses Schiff ist
333 m lang und hat eine Wasserverdrängung von 100 000 t.
Die Kommandobrücke ist 71 m lang und ragt seitlich über den
Rumpf hinaus, um Platz genug für die Landebahn zu lassen.
Auf der «George Washington» finden bis zu 90 Flugzeuge und
Hubschrauber Platz.

*An Bord eines großen
Flugzeugträgers
befinden sich bis
zu 5000 Mann
Besatzung.*

Das Innere eines Flugzeugträgers

Ein Flugzeugträger ist ein kleiner schwimmender Flughafen. Außer den Navigationsinstrumenten und den Räumen für die Besatzung befinden sich im Rumpf des Schiffes die Stellplätze für die Flugzeuge, ein Ersatzteillager und Treibstofftanks.

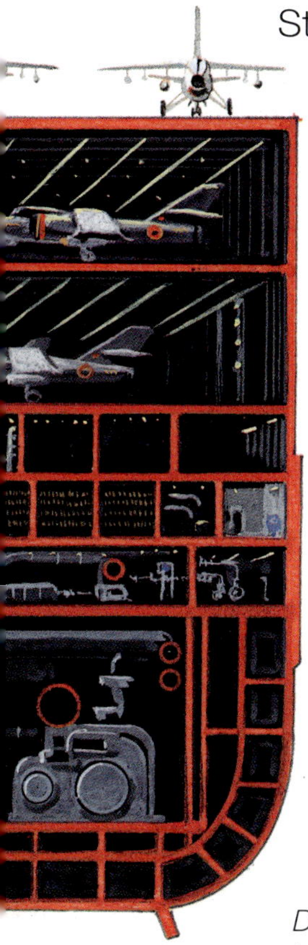

Dieses Flugzeug überwacht die Manöver des Flugzeugträgers. Wenn es seine Aufgabe erfüllt hat, kehrt es zu seinem Stützpunkt zurück.

Die Startbahn

Zum Starten bringt eine Schleudervorrichtung, ein sogenannter Katapult, die Flugzeuge auf eine Geschwindigkeit von über 280 km/h. Zum Landen klinkt sich das Flugzeug in ein Kabel ein, das über die Landebahn gespannt ist. Dieses Kabel bremst das Flugzeug und bringt es zum Stehen. Die Piloten müssen sehr gut ausgebildet sein, um ein Düsenflugzeug auf einer Fläche zum Landen zu bringen, die nur so groß ist wie drei Olympia-Schwimmbecken und sich zudem noch bewegt.

25

AUTOFÄHREN

Autofähren werden zum Transport von Autos und Passagieren von einer Küste zur anderen eingesetzt. 1931 überquerte die erste Autofähre, die «autocarrier», den Ärmelkanal. Die Fähren wurden immer größer, und ihr Antrieb wurde nach neuesten Erkenntnissen modernisiert: 1968 fuhr das erste Luftkissenboot auf dem Ärmelkanal. Ventilatoren, die auf die Wasseroberfläche gerichtet sind, erzeugen ein Luftkissen, auf dem das Schiff dann vorwärts gleiten kann. Zwischen Nizza und Korsika verkehren seit 1996 Schiffe, die von Düsen angetrieben werden und eine Geschwindigkeit von bis zu 70 km/h erreichen.

Die großen Fähren

Sie sind mit allem nur möglichen Komfort ausgestattet, mit Aufenthaltsräumen, Bars, Restaurants, Konferenzräumen, Spielzimmern für Kinder, Läden und natürlich den Kabinen für die Passagiere. Damit die Autos, Busse und Lastwagen auf die Fähre fahren können, hat sie große Metalltore, die wasserdicht verschließbar sind. Je nach Größe kann eine Fähre mit 300 bis 550 Fahrzeugen beladen werden und 1400 bis 1800 Passagiere transportieren. Die Länge der Schiffe reicht von 120 bis 160 m, und ihre Reisegeschwindigkeit beträgt etwa 35 km/h. Die Fähren verkehren vor allem zwischen benachbarten Küsten, wie zwischen England und Irland oder zwischen England und Frankreich. Die Überquerung des Ärmelkanals zwischen Calais und Dover mit einer Autofähre dauert heute nur noch eineinhalb Stunden.

Die HSS-Fähren sind genauso ausgestattet wie die anderen Fähren. Sie können 1500 Passagiere und 350 Fahrzeuge transportieren.

Die Fähren der Zukunft

Die größte der schnellen Fähren, die HSS-Fähre der Stena-Linie, hat im Oktober 1995 den Verkehr zwischen Irland und England aufgenommen und wird in Kürze auch auf dem Ärmelkanal fahren. Dieser 120 m lange Katamaran hat einen neuartigen Antrieb: Vier Wasserturbinen, die wie die Düsen eines Flugzeuges funktionieren, beschleunigen die Fähre auf 90 km/h. Damit dauert die Überfahrt von England nach Irland nur noch halb so lange.

INHALTSVERZEICHNIS

ISBN: 3-930710-57-9

© der deutschsprachigen Ausgabe:
Fleurus Verlag GmbH, Saarbrücken 1996
Alle Rechte vorbehalten

© Editions Fleurus, Paris 1995
Titel der französischen Ausgabe:
La grande Imagerie, Les bateaux
Printed in Italy

Wir danken der französischen Werft «Chantier de l'Atlantique»
und dem Marinemuseum in Paris für ihre wertvolle Mitarbeit.